ATELIER

DE FEU

JEAN GAUTHERIN

Statuaire

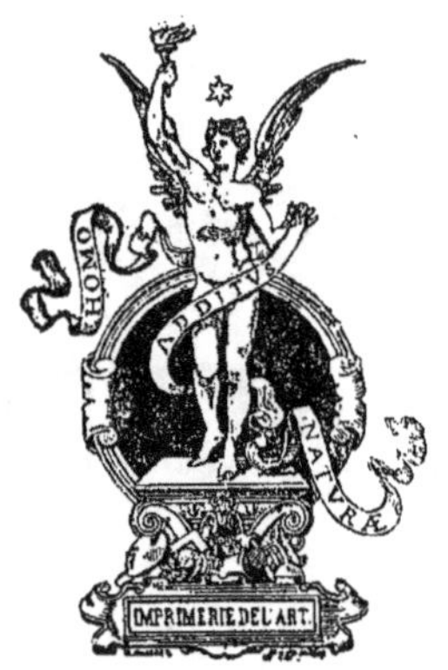

HOMO
AD
NATVRA
IMPRIMERIE DE L'ART.

CATALOGUE

DES

SCULPTURES DE GAUTHERIN

EN MARBRE, EN CIRE, EN TERRE CUITE
ET EN PLATRE

La plupart pouvant être éditées avec droit de reproduction

TABLEAUX

Par Desgoffes, J. P. Laurens, Monginot, Adrien Moreau
Ribot, etc.

ESQUISSES PEINTES PAR GAUTHERIN

Quelques Tapisseries, Meubles anciens, Ustensiles d'atelier

DONT LA VENTE AURA LIEU

Par suite du décès de M. Gautherin, statuaire

HOTEL DROUOT, SALLE N° 5

Le Samedi 25 Avril 1891

à deux heures

COMMISSAIRES-PRISEURS

Me TUAL	**Me PECQUET**
56, rue de la Victoire, 56	10, rue Choron, 10

EXPERT

M. CHARLES MANNHEIM

7, rue Saint-Georges, 7

EXPOSITION PUBLIQUE

Le Vendredi 24 Avril 1891, de une heure à cinq heures 1/2

CONDITIONS DE LA VENTE

Elle sera faite au comptant.

Les acquéreurs payeront en sus des enchères *cinq pour cent*, applicables aux frais.

L'exposition mettant le public à même de se rendre compte de l'état des objets, il ne sera admis aucune réclamation une fois l'adjudication prononcée.

Paris. — Imp. de l'Art, E Ménard et Cⁱᵉ, 41, rue de la Victoire.

EAN GAUTHERIN naquit le 19 décembre 1840, au village d'Ouroux, dans ce délicieux pays de Morvan, auquel une expansion des petits monts de la Côte-d'Or donne l'aspect d'une Suisse en miniature, fraîche, verdoyante et sévère pour rire.

C'est dans ce coin pittoresque et un peu sauvage, à la lisière des bois austères, le long des ruisseaux à truites, au fond des pâturages constellés de fleurs odorantes et multicolores, que Gautherin vécut sa vie d'enfant.

Fils de paysan, il était pâtre, et ses longues journées silencieuses se passaient dans la muette contemplation des choses de la nature, ainsi que dans l'audition de ses symphonies discrètes, toujours variées et toujours neuves. Il regardait passer dans le bleu les beaux nuages blancs et les grands vols d'oiseaux voyageurs; il se laissait bercer au clapotement des eaux claires et s'endormait au monotone gazouillement des mésanges.

Solitaire, il s'absorbait en ses rêves où souvent les joies ignorées de la ville se mêlaient au placide bonheur des champs.

Pendant que son imagination montait ainsi dans le ciel et découvrait d'en haut des contrées inconnues, ses doigts machinalement guidés par sa fantaisie modelaient, à l'aide d'un couteau de deux sous, sur l'érable ou le houx, de ces figurines innommées, lesquelles naissent du sentiment spécial que possèdent seuls ceux qui ne savent rien de la vie.

C'est au sein de cette douce existence agreste, à l'âge où commençait à poindre son premier duvet, que les parents de Gautherin, quittant le chaume héréditaire, vinrent chercher leur fils pour l'emmener à Paris.

Que faire de ce garçon qui ne savait pas lire ?

Quelqu'un qui vit ses bois taillés, en conçut bonne idée et le plaça chez un fabricant de meubles artistiques. A faire du vieux chêne, Gautherin gagna de bonnes journées. Il était sobre, silencieux, travailleur, très habile ; sa vie était assurée largement. Mais sa sauvagerie s'accom-

modait mal des promiscuités de l'atelier; son âme
sincère, vierge et timide, ne pouvait se faire aux
mœurs débraillées et aux propos grossiers de ses
compagnons. Le paysan restait muet, concentré,
taciturne et sobre, au milieu de ces Parisiens ba-
vards, gouailleurs et godailleurs. Aussi, nourris-
sait-il sans cesse des projets d'évasion. Le hasard
l'aida à les réaliser en mettant sur sa route un
ami du statuaire Gumery qui lui ouvrit les portes
de l'atelier de ce maître. Il en devint l'élève et
bientôt le collaborateur ; mais la mort les sépara
vite.

Gautherin, qui aimait le talent de Paul Dubois,
vint s'offrir à lui : il y avait entre ces deux artistes
de réelles affinités. Dubois n'ignorait pas Gautherin : il le connaissait par un *Narcisse* et un
Saint Sébastien qui contenaient plus que des pro-
messes: il l'accueillit cordialement, et quelques
années passées dans la familiarité de l'auteur du
Tombeau de Lamoricière mirent au talent de son
disciple le sceau définitif.

Gautherin put voler de ses propres ailes.

On le vit alors constamment sur la brèche. Pas
une exposition ne s'organisa qu'elle ne contînt une

de ses œuvres, pas un concours ne s'ouvrit sans qu'il y prît part. Travailleur acharné, infatigable; il produisit, sans interruption, cette série d'ouvrages présents à notre mémoire, dont on retrouve le germe dans les esquisses de ce catalogue et en tête desquels il faut placer le *Paradis perdu*, qui faillit lui valoir la médaille d'honneur, et *Clotilde de Surville*, qui est, du sentiment maternel, l'expression la plus douce et la plus suave qu'on puisse imaginer.

Ah ! ce qu'il en roulait dans sa tête de beaux et vastes projets, le cher et brave artiste, lorsque l'inexorable camarde l'est venue subitement faucher l'an dernier ! Ce qu'il nous eût encore donné de belles choses, si la vie ne se fût arrêtée net dans ce corps foudroyé en pleine activité !

Les idées générales d'instruction, de civilisation, de paix universelle, voilà ce que roulait en sa cervelle le pauvre Gautherin au cours de ces dernières années et ce qu'il songeait sans cesse à symboliser en de gigantesques groupes fourmillant de personnages empruntés à toutes les nations.

Y fût-il parvenu, je le crois, tant son âme se bandait vers ces grandes conceptions.

Une petite esquisse, qui représente *le Génie civilisateur répandant la lumière sur le monde*, reste comme la précieuse indication de ses ultièmes tendances. C'est la dernière cire qu'il ait touchée, et l'on peut dire qu'il est mort en train de donner un corps au premier rêve plastique de la série qui le hantait.

G. DARGENTY.

DÉSIGNATION DES OBJETS

OEUVRES DE GAUTHERIN

SCULPTURES EN MARBRE

1 — *Marguerite de Faust.* Statuette.

2 — *Deux bons amis.* Groupe.

3 — *Buste d'homme.* Inachevé.

4 — *Buste d'enfant.* Inachevé.

SCULPTURES EN CIRE

5 — *Le Printemps.* Peut être édité.

6 — *Une Laie et ses petits.* Peut être édité.

7 — *Une Vache*. Peut être édité.

8 — *Une Génisse*. Peut être édité.

9 — *Une Vache*. Peut être édité.

10 — *Une Vache*. Peut être édité.

11 — *Bœufs couplés*. Peut être édité.

12 — *Cheval*. Peut être édité.

13 — *La Gerbe*. Peut être édité.

14 — *Porc*. Peut être édité.

15 — *Mouton*. Peut être édité.

16 — *Ane*. Peut être édité.

17 — *Agneau*. Peut être édité.

18 — *Brebis*. Peut être édité.

19 — *Le Génie civilisateur répandant la lumière sur le monde* (dernière pensée du maître). Peut être édité.

20 — *Deux torchères*.

21 — *La Foi*. Groupe.

SCULPTURES EN TERRE CUITE

22 — *L'Incendie*. Groupe. Peut être édité.

23 — *La Civilisation*. Peut être édité.

24 — *Le Sommeil*. Peut être édité.

25 — *Le Retour de l'école*. Peut être édité.

26 — *Deux Petits Chats*. Peut être édité.

27 — *Jeune Fille*.

SCULPTURES EN TERRE SÉCHÉE

28 — *Tondeuse de moutons*. Groupe. Peut être édité.

29 — *Abolition de l'esclavage*. Groupe. Peut être édité.

PLATRE

3o — *Statue de J. J. Rousseau*. Tiers de nature. Peut être édité.

31 — *La Moisson.* Peut être édité.

32 — *La Fermière.* Peut être édité.

33 — *L'Agriculture.* Groupe. Peut être édité.

34 — *Gardeuse de vaches.* Peut être édité.

35 — *Porcs.* Groupe. Peut être édité.

36 — *Judith.* Peut être édité.

37 — *La Houe.* Peut être édité.

38 — *Chanteur.* Peut être édité.

39 — *Tête ornée.* Peut être édité.

40 — *Ange.* Peut être édité.

41 — *L'Épée.* Peut être édité.

42 — *Jeanne d'Arc.* Peut être édité.

43 — *Judith.* Peut être édité.

44 — *Le Sergent Bobillot.* Peut être édité.

45 — *La Ville de Paris.* Peut être édité.

46 — *Statue de la République*. Tiers de nature. Peut être édité.

47 — *La Guerre*. Groupe. Peut être édité.

48 — *Statue de M. Thiers*. Demi-nature. Peut être édité.

49 — *Mercure*. Groupe. Peut être édité.

50 — *Un Taureau*. Peut être édité.

51 — *Esquisse pour la Statue de Diderot*. Tiers de nature. Peut être édité.

52 — *L'Électricité*. Grande figure. Peut être édité.

53 — *Marguerite au bénitier*.

54 — *Semeur*.

55 — *Sapho*.

56 — *Marguerite*.

57 — *L'Instruction*. Groupe.

58 — *Le Paradis perdu*. Groupe.

59 — *La Fortune*.

BRONZES

60 — *La Moisson.* En bronze argenté. Peut être
édité.

61 — *Tête d'enfant.*

62 à 67 — *Esquisses diverses en plâtre, terre
cuite et cire.*

OBJETS D'ART

GARNISSANT L'ATELIER

PEINTURES

68 — **Desgoffes.** *Esquisse.*

69 — **Laurens (J. P.).** *Mérovingien.*

70 — **Monginot.** *Singe statuaire.*

71 — **Moreau (Adrien)**. *Châtelaine.*

72 — **Ranvier**. *Étude.*

73 — **Ranvier**. *La Source.*

74 — **Ribot**. *Récureuses.*

75 — **Ribot**. *Tête d'étude.*

76 — **Ribot**. *Dessin.*

77 — **Thurner**. *Fruits.*

DIVERS

78 — Terre cuite. Cartouche Louis XIV.

79 — Série de médailles variées.

80 — Platre. Douze sujets tirés de l'Histoire de France, bas-reliefs de M. Toussain, statuaire.

81 à 95 — Esquisses peintes et gravures.

96 à 98 — Quelques tapisseries.

99 — Coffre ancien.

100 — Armoire de l'époque Régence.

101 — Meuble Henri II.

N.-B. — *On vendra le lundi 27 avril 1891, à 9 heures du matin, rue d'Assas, n° 84, les plâtres et le matériel de l'atelier de M. Gautherin.*

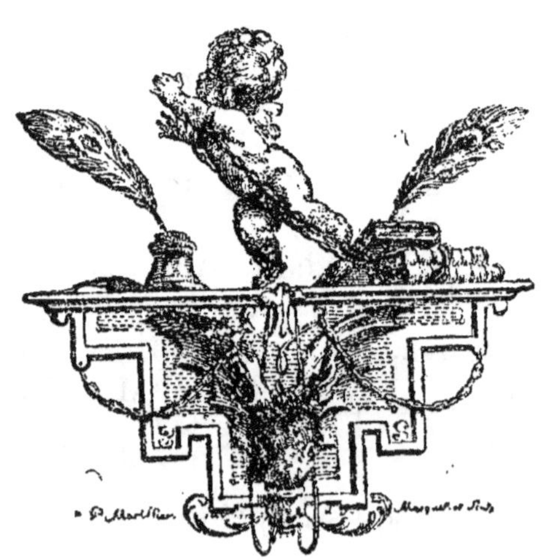